TENSES ARE MY TEACHER

FUTURE INDEFINITE

PRACTICE BOOK

M.R.P : ₹ 510/-

ISBN : 9798894154619

Published On 14 May, 2024

AMRITASHAAN

Name & Message

Name

English Speaking

A Practice Book For English Learners

Paperback M.R.P : ₹ 510/-
Hardcover M.R.P : ₹ 570/-

AMRITASHAAN | FUTURE INDEFINITE | 3

TENSES ARE MY TEACHER - Vol.3
Practice Future Indefinite

Copyright Office, Government Of India
L-152803/2024
Dated:22/08/2024

Loving Gratitude

MY FAMILY

Life is a voyage made possible by the care you give! The entire My Book series pays gratitude to family, and may the spirits be filled with bliss for all.

In the memory of my Mother

on

The Mother's Day

12-05-2024

Welcome Learners!

It is delightful to see that you are at Vol. 3 and are improving your language proficiency. Through straightforward and highly effective practices,

you'll further gain confidence in your English speaking abilities. Engaging in these exercises will not only familiarize you with the 'Will/Shall + first form' of Verb but also enhance your ability to use the correct verbs when conversing in English. Embrace the power of tense as your guide, turning it into your teacher to facilitate effective communication in English.

TABLE OF CONTENTS

5	Loving Gratitude	6	Welcome
10	About The Author	11	Objective
12	Practice Way	13	Understand FUTURE Tense
14	Rule in HINDI	15	Rules in English
18	मुझ से मिलो	19	Meet Me
20	Practice Time 1	21	English Version 1
22	Practice Time 2	23	English Version 2
24	Practice Time 3	25	English Version 3
26	Keep In Mind		
27	इंग्लिश बोलो	28	Speak English
29	इंग्लिश बोलो	30	Speak English
31	Get Set Go		

TABLE OF CONTENTS

32	इंग्लिश बोलो - 1		33	Speak English - 1
34	इंग्लिश बोलो - 2		35	Speak English - 2
36	इंग्लिश बोलो - 3		37	Speak English - 3
38	इंग्लिश बोलो - 4		39	Speak English - 4
40	इंग्लिश बोलो - 5		41	Speak English - 5
42	इंग्लिश बोलो - 6		43	Speak English - 6
44	इंग्लिश बोलो - 7		45	Speak English - 7
46	इंग्लिश बोलो - 8		47	Speak English - 8
48	इंग्लिश बोलो - 9		49	Speak English - 9
50	इंग्लिश बोलो - 10		51	Speak English - 10
52	इंग्लिश बोलो - 11		53	Speak English - 11
54	इंग्लिश बोलो - 12		55	Speak English - 12
56	इंग्लिश बोलो - 13		57	Speak English - 13
58	इंग्लिश बोलो - 14		59	Speak English - 14
60	इंग्लिश बोलो - 15		61	Speak English - 15

62	इंग्लिश बोलो - 16	63	English Version 16
64	इंग्लिश बोलो - 17	65	English Version 17
66	इंग्लिश बोलो - 18	67	English Version 18
68	इंग्लिश बोलो - 19	69	English Version 19
70	इंग्लिश बोलो - 20	71	English Version 20
72	इंग्लिश बोलो - 21	73	English Version 21
74	इंग्लिश बोलो - 22	75	English Version 22
76	इंग्लिश बोलो - 23	77	English Version 23
78	इंग्लिश बोलो - 24	79	English Version 24
80	इंग्लिश बोलो - 25	81	English Version 25
82	इंग्लिश बोलो - 26	83	English Version 26
84	इंग्लिश बोलो - 27	85	English Version 27
86	इंग्लिश बोलो - 28	87	English Version 28
88	इंग्लिश बोलो - 29	89	English Version 29
90	इंग्लिश बोलो - 30	91	English Version 30
92	इंग्लिश बोलो - 31	93	English Version 31
94	Conditional Sentences	96	Practice Conditional Sentences
102	Message of Thanks	103	Make Your Notes

Amritashaan, a skilled author and motivational speaker, has vast experience in teaching English. Her innovative teaching methods have made learning the language easier for many, enhancing the skills of numerous native speakers. . With numerous books on mastering English to her name. She is a respected IELTS trainer, making significant contributions to language education. Through her YouTube channels, she imparts valuable insights and encouragement. Whether through her books or practice materials, engaging with her work consistently offers an exceptional learning journey. In her hometown, she is highly regarded as an educator, recognized for her dedicated efforts in language learning

OBJECTIVE

English has emerged as the primary means of communication for millions of people worldwide. It is employed daily to interact with friends, colleagues, and more. To actively participate in this global discourse, familiarity with English, including a grasp of its various tenses, is essential. The purpose of crafting this book is to:

- Foster a comprehensive understanding of the practical applications of English tenses.
- Facilitate independent practice for learners.
- Supply impactful materials for tangible improvement.
- Enhance proficiency in Hindi–English oral translation for effective English speaking.
- Enable native learners to converse fluently in English.

The Third volume deals with
FUTURE INDEFINITE .

PRACTICE WAY

- Tense के नियमों को ध्यान से पढ़ें।
- याद रखें कि आप जिस क्रिया को अभ्यास कर रहे हैं, वह मौलिक क्रिया होनी चाहिए।
- हिंदी पाठ को धीरे-धीरे पढ़ें।
- धीरे-धीरे क्रियाओं को सोचें।
- अब हिंदी संस्करण खोलें और पूरे पाठ का अनुवाद करने का प्रयास करें।
- दिए गए क्रियाओं की मदद लें।
- इसे मौखिक रूप से करें।
- अगले पृष्ठ पर अपने काम की जाँच करें।
- नियमित रूप से अभ्यास करें और आत्म-विश्वास से बोलें।

- Read the rules of Tense carefully.
- Remember the base verb you are going to practice.
- Read Hindi passage slowly.
- Think of verbs by and by.
- Now keep open Hindi version and try to translate the whole passage in English.
- Take help of given verbs.
- Do it orally.
- Check your work at next page.
- Practice and speak confidently.

UNDERSTAND FUTURE TENSE

भविष्य काल उन क्रियाओं को वर्णित करने के लिए प्रयोग किया जाता है जो भविष्य में होने वाली हैं। हिंदी में, इस काल का निर्माण किसी क्रिया के उपयुक्त रूप का प्रयोग करके और सहायक क्रिया 'होना' के भविष्य काल में रूपांतरित रूप का प्रयोग करके किया जाता है। इस काल का उपयोग कई परिस्थितियों में किया जा सकता है, जैसे कि:

- मैं कल शहर जाऊंगा।
- वह अपना काम पूरा करेगी।
- हम आने वाले हफ्ते में अपने दोस्तों के साथ पिकनिक पर जाएंगे।
- क्या तुम उसे सहारा दोगे?
- वे अगले साल अपना घर बनवाएँगे?

यहाँ, "जाऊंगा", "करेगी", "जाएंगे", "दोगे", और "बनवाएँगे" जैसे शब्दों का उपयोग हो रहा है, जो भविष्य काल की क्रियाओं को व्यक्त करते हैं।

इस तरह के वाक्यों को इंग्लिश में बोलना बहुत आसान है। Future indefinite" का हिंदी में अर्थ है "भविष्य काल"। यह वह काल होता है जिसमें किसी कार्य का होने का समय या स्थिति निर्दिष्ट नहीं होता है। इसे उस समय का काल कहा जाता है जब किसी घटना, कार्य या स्थिति के होने की संभावना होती है, लेकिन यह स्पष्ट रूप से निर्धारित नहीं होती।

Positive Sentence Structure

Rule : Will / shall + 1st verb

- मैं अगली गर्मियों में पेरिस की यात्रा करूंगा।
- आप किसी दिन गिटार बजाना सीखेंगे।
- बच्चे बड़े होकर कल के नेता बनेंगे।
- मेरा दोस्त अगले साल अपना खुद का व्यवसाय शुरू करेगा।
- हम सब किसी दिन फिर मिलेंगे।
- अंग्रेजी एक दिन वैश्विक भाषा बन जायेगी।
- किताबें लोगों को अपना अतीत जानने में मदद करेंगी।
- भारत विश्व का सबसे मजबूत राष्ट्र बनकर उभरेगा।
- पृथ्वी ग्रह भविष्य में भी अपनी सुंदरता और पवित्रता बरकरार रखेगा।

Rule in English

Future indefinite tense refers to an action or event that will occur at some point in the future without specifying exactly when. It is used to talk about future actions, predictions, plans, or intentions. In this tense, the verb is typically conjugated using "will" or "shall" followed by the base form of the verb.

Positive Sentence Structure
Rule : Will / shall + 1st verb

- I will travel to Paris next summer.
- You will learn how to play the guitar someday.
- Children will grow up to become the leaders of tomorrow.
- My friend will start his own business next year.
- We will all meet again someday.
- English will become a global language one day.
- Books will help people know their past.
- India will emerge as the strongest nation of the world.
- The planet earth will retain its beauty and purity even in future.

Rule in English

Negative Sentence Structure
Rule : Subject + will not + 1st verb + Object

- I will not attend the meeting tomorrow.
- She will not travel to Europe next summer.
- They shall not buy a new car next month.
- He will not finish his homework on time.
- We will not go to the beach this weekend.
- The company shall not launch the new product next year.
- It will not rain tomorrow.
- You will not regret your decision.
- The Sun will never set in the east.
- The brave will never give up easily.

Rule in English

Interrogative Sentence Structure

Rule : Will + Subject + 1st verb + Object?

- Will you visit your grandparents next weekend?
- Shall we go to the beach tomorrow?
- Will they finish the project by the deadline?
- Will they bring camera to the party?
- Will he start his new job next month?
- Shall we meet for dinner tonight?
- Will the team win the championship this year?
- Will you join us for the movie later?
- Will the teacher clear our doubts?
- Will you like to feedback the service?
- Who will chair the meeting tomorrow?
- When will the show end?
- Will you lend me you bike for two days?
- Who will come with you for dinner?

मैं जॉय हूं, सात साल का बच्चा। मैं अंग्रेजी बोलने का अभ्यास करने में आपकी मदद करने के लिए यहां हूं।

मैंने हिंदी में कुछ बातें कही हैं, शायद अपने बारे में या विभिन्न विषयों पर सरल हिंदी में। आपका काम इसे अंग्रेजी में बोलने का प्रयास करना है। धीरे-धीरे आपको पूरा अनुवाद मिल जाएगा, लेकिन उन्हें जांचने से पहले ईमानदारी से अनुवाद करें और ऊंची आवाज में बोलने का अभ्यास करें।

MEET ME

I am Joy, a seven-year-old child. I am here to help you practice speaking English.

I have spoken something in Hindi, maybe about myself or on different topics in simple Hindi. Your task is to try speaking it in English. You will get the complete translations by and by, but before checking them, practice translating and speaking aloud with sincerity.

Your Successful Attempt Will Cheer You Up!

Practice Time 1

- जॉय मंदिर **जायेगा** और भगवान से प्रार्थना **करेगा।** (**Will go, pray**)

- वह अपना **काम पूरा करेगा** और फिर अपने दोस्तों के साथ **खेलने के लिए बाहर जाएगा।** (will complete, go out)

- भारी **बारिश होगी** और मैं पानी में बहाने के लिए कागज की **नाव बनाऊंगा।** (will rain, will make)

- आप देर से **पहुंचेंगे** और फिर खुद को बचाने के लिए कोई **बहाना बनाएंगे.** (**will reach, will make**)

- बच्चा अपना खिलौना **तोड़ देगा** और वह दूसरा खरीदने की **जिद करेगा।** (**will break, will insist**)

- गोताखोर गहरे पानी में **गोता लगाएगा** और नीचे से चमकदार **मोती लाएगा।** (**will dive, will bring**)

- मेरी गुड़िया रात को **जगेगी** और परियों के साथ **नाचेगी।** (**will wake up, will dance**)

- मैं इस पुस्तक को प्रतिदिन **पढ़ूंगा** और अपने अंग्रेजी बोलने के कौशल में **सुधार करूंगा।** (**will read, will improve**)

- Joy **will go** to temple and **pray** to God.
- He **will complete** his work and then **go out to play** with his friends.
- It **will rain** heavily and I **will make** a paper boat to float in the water.
- You **will reach** late and then you **will make** an excuse to save yourself.
- The child **will break** his toy and he **will insist** to buy another one.
- The diver **will dive** deep into the water and **will bring** shiny pearls from the bottom.
- My doll **will wake up** at night and she **will dance** with the fairies.
- I **will read** this book everyday and **will improve** my English speaking skills.

- इस किताब को पढ़ने से बच्चे **बोरियत महसूस नहीं करेंगे।**

- आज सूरज **नहीं निकलेगा** क्योंकि पूरे दिन बादल उसे **छिपाए रखेंगे।** (will not rise, will keep hidden)

- जॉय आज कक्षा में **नहीं आएगा**, वह वार्षिक समारोह के लिए संगीत का **अभ्यास करने जाएगा।** (will not come, will go)

- जो अच्छा **नहीं खेलेगा**, वह अगले राउंड में **नहीं जायेगा** | (will not play well, will not go)

- समय किसी के लिए **नहीं रुकेगा**, दोबारा **लौटकर भी नहीं आएगा।**(will not stop, not come back)

- जॉय अपना **वादा नहीं तोड़ेगा**, किसी को **धोखा नहीं देगा।** (will not break, will not cheat)

- आप **आराम नहीं करेंगे** क्योंकि आप काम को कल पर **नहीं टालेंगे।** (will not take rest, will not put off)

- बच्चे आज समुद्र किनारे **नहीं जायेंगे** और लहरों से **नहीं खेलेंगे।** (will not go, will not play)

- मेरा भाई फास्टफूड **नहीं खाएगा**, वह **मोटा नहीं होगा।** (will not eat, will not grow plump)

- Children **will not feel bore** if they **read** this book.
- The Sun **will not rise** today as the clouds **will keep** it hidden the whole day.
- Joy **will not come** to class today, he **will go** to practice music for the annual function.
- Time **will not stop** for anyone, it **will not come back** again too.
- Joy **will not break** his promise, he **will not cheat** anyone.
- You **will not take** rest as you **will not put the work off** for tomorrow.
- The children **will not go** to the sea shore and they **will not play** with the waves today.
- My brother **will not eat** fast food, he **will not grow plump.**

- क्या पक्षी इस बगीचे में **आएंगे**, अपना घोंसला **बनाएंगे?** (will come, will make)
- क्या आप हिल स्टेशन **जाएंगे** और बर्फबारी का **आनंद लेंगे?** (will go, will enjoy)
- आप रात के खाने में **क्या पकाएंगे** और हमारे साथ खाना **खाने कौन आएगा?** (will cook, will come)
- शेर का **शिकार करने कौन जायेगा?** क्या कोई हिम्मत करेगा? (will go, will dare)
- कार्यक्रम स्थल तक **कैसे पहुंचेंगे** मेहमान? उनके स्वागत के लिए **कौन जाएगा?** (will reach, will go)
- क्या आप टूटते सितारे पर मन्नत **मांगेंगे?** आप क्या **कामना करेंगे?** (will make wish, will you wish)
- सूरज कब **डूबेगा?** क्या आप सुंदर सूर्यास्त देखने के लिए **बाहर जायेंगे?** (will set, will go out)
- आज रात पार्टी में आप **क्या पहनेंगे?** क्या आप वेस्टर्न आउटफिट **पसंद करेंगी?** (will wear, will prefer)
- क्या छात्र सड़क के नियमों का **पालन करेंगे?** क्या वे अपने राष्ट्र के सभ्य नागरिक **बन पायेंगे?** (Will obey, will become)

- **Will the birds come** to this garden and **make their nests** here?
- **Will you go** to hill station and **will enjoy** the snow fall?
- What **will you cook** for dinner and who **will come to dine** with us?
- Who **will go to hunt** the lion? **Will anyone dare**?
- How **will the guests reach** the venu? Who **will go to welcome** them?
- **Will you make a wish** at the breaking star? What wish **will you make**?
- When **will the sun set**? **Will you go** out to see the lovely sun-set?
- What **will you wear** for the party tonight? **Will you prefer** western outfit?
- **Will the students obey** the rules of the road? **Will they become** the civilized citizen of their nation?

- Future Indefinite
- Make use of 'will/shall' + 1st form of verb
- Negative sentences take 'will not/ shall not + 1st form of verb'
- Interrogative sentences take 'Will / shall + subject + 1st verb + object?'

''Will' is basically used to describe future action, promise and determination.

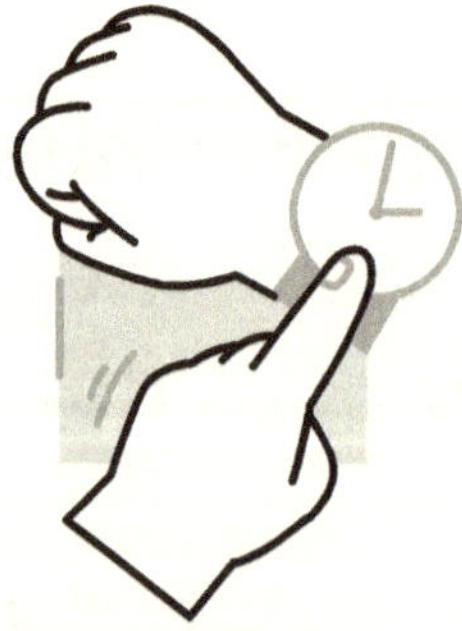

मैं अपनी अंग्रेजी सुधारने के लिए एक किताब खरीदूंगा। यह किताब मुझे भाषा के बारे में बहुत सी बातें सीखने में मदद करेगी। मेरे पिता कहते हैं कि किताबें ज्ञान का भंडार होती हैं। मैं रोजाना थोड़ा अभ्यास करूंगा और अभ्यास से मुझे आत्मविश्वास मिलेगा। अंततः, मैं दूसरों के साथ अंग्रेजी में बातचीत करने में कभी संकोच नहीं करूंगा।

VERBS TO HELP

Will buy, help, say, practice, get, hesitate

I will buy a book to improve my English. The book will help me learn many things about the language. My father says that books are the store house of knowledge. I will do a little practice daily and practice will make me confident. Eventually, I will never drag my feet to converse in English with others.

Drag one's feet : The idiom "dragging one's feet" can be used to describe hesitation or reluctance in taking action.

एक ख़ुशी का दिन आएगा | लोगों को कोई परेशानी नहीं होगी | दुनिया में कोई भी गरीब नहीं होगा | सबके पास सब कुछ होगा और वे सातवें आसमान पर होंगे। डॉक्टर हर बीमारी का इलाज ढूंढ लेंगे | कोई भी पूरी जिंदगी बिस्तर पर नहीं रहेगा या व्हील-चेयर पर नहीं बैठेगा। नेता सभी के लिए संतुष्टि सुनिश्चित करते हुए सामाजिक मुद्दों पर काम करेंगे। दुनिया भर के लोग एक-दूसरे के लिए जीना सीखेंगे।

Verb list

Will dawn, face, be, have, find, stay, sit, work, learn

A happy day will dawn. People will face no problem. No one will be poor in the world. Everyone will have everything and they will be on cloud nine. The doctors will find cure of all ailments.

No one will stay in the bed or sit in a wheel-chair for the whole life. The leaders will work for societal issues ensuring contentment for all. The people round the globe will learn to live for one another.

<u>**On Cloud Nine**</u> **: An idiom to describe the state of extreme happiness.**

GET SET GO

<u>चलिए अब प्रैक्टिस के लिए तैयार हो जाइये</u>

आप को आगे दिए गए सभी paragraph को एक एक करके पहले हिंदी में पढ़ना है और साथ में उस को मौखिक रूप से इंग्लिश में बोलने की कोशिश करनी है। क्योंकि सभी paragraph एक ही Tense / काल में लिखे गए है, 31 paragraphs प्रैक्टिस करते करते आप इस Tense को बेहतर ढंग से समझ पाओगे और आसानी से बोल पाओगे। प्रतिदिन एक अध्याय का अभ्यास करें और इस पुस्तक को एक महीने में पूरा करें।

कल एक नये दिन का उदय होगा। लोग सूर्योदय के समय जागेंगे। मैं प्यारी पहली लालिमा के लिए भगवान को धन्यवाद दूँगा। मैं दिन की यात्रा पर निकलूंगा। मेरे शिक्षक मुझे एक नया पाठ पढ़ाएंगे। मैं नए ज्ञान के साथ खुद को बेहतर बनाऊंगा। मैं मजबूत कदमों से अपने सपनों को पूरा करूंगा। अनदेखे रोमांच मेरे दिन को सार्थक बना देंगे।

will dawn, wake up, thank, embark, teach, improve, pursue, make

Speak English - 1

A new day will dawn tomorrow.   People will wake up at the sunrise. I will thank God for the lovely first blush. I will embark on the journey of the day.

My teacher will teach me a new lesson. I will enrich myself with newfound wisdom. I will pursue my dreams with sturdy steps. Unseen adventures will make my day worth living.

Make Sentences
Dawn, First blush, Sturdy steps

What will you do tommorow morning?

शिक्षक आज बच्चों को गुलाब के बगीचे में ले जायेंगे। बगीचे का नाम रोज़ गार्डन है लेकिन इसमें तरह-तरह के फूल हैं। बच्चे विभिन्न फूलों के नाम सीखेंगे और प्रकृति के संपर्क में आएंगे। फूलों की भीनी-भीनी खुशबू उन्हें खुश कर देगी। यह सही माना जाता है कि किताबों के पन्नों से परे की दुनिया खूबसूरत है और बहुमूल्य सीख देती है।

The teacher will guide the children through the enchanting rose garden today. The name of the garden is Rose Garden but it has variety of flowers. Children will learn the name of different flowers and and get in touch with nature. The sweet fragrance of flowers will make them feel happy. It is rightly believed that the world beyond the pages of books is beautiful and imparts valuable lessons.

जॉय अपने दोस्तों के साथ पिकनिक पर जायेंगा। सभी लड़के पिकनिक स्पॉट पर आराम से टहलेंगे।

पिकनिक मनाने वाले लड़के अधिक मनोरंजन के लिए रोमांचक खेल खेलेंगे। जॉय को शूटिंग करना पसंद है लेकिन वह बंदूक से शूटिंग नहीं करेगा, वह अपने कैमरे से शूटिंग करेगा और वह पक्षियों का नहीं बल्कि सुंदर दृश्य का शिकार करेगा। एक गतिविधि जो उनके लिए थोड़ी कठिन होगी वह होगी अपने लिए खाना पकाना। वैसे तो खाना बनाना किसी को नहीं आता लेकिन पिकनिक पर वे इसमें अपना हाथ जरूर आजमाएंगे।

will go, stroll, play, does not like, shoot, will be difficult, cook for themselve, knows, try hand

Joy will go to picnic with his friends. All boys will take a leisure stroll to the picnic spot. The picnic boys will play 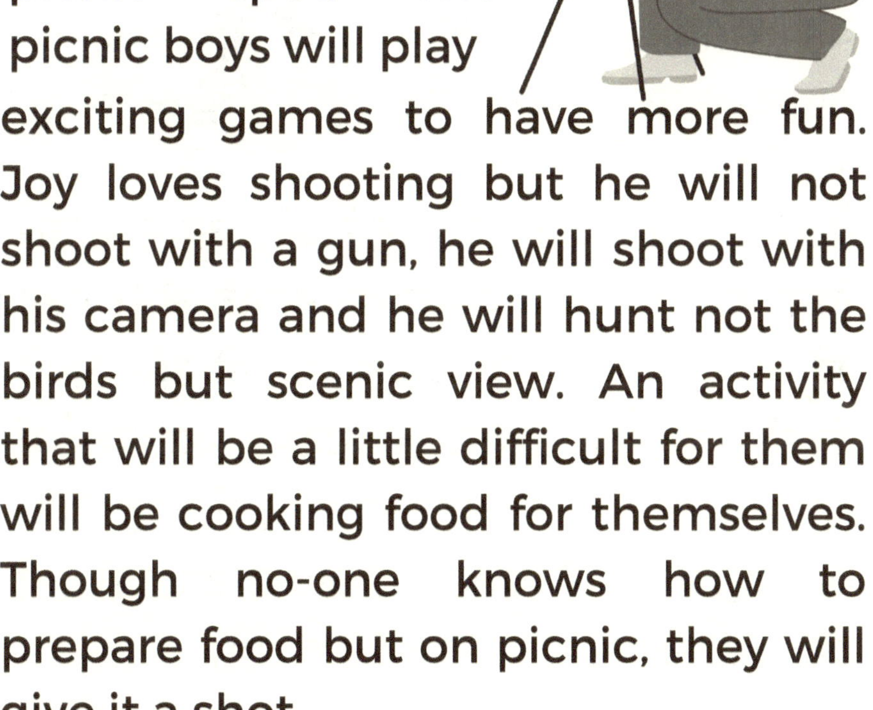 exciting games to have more fun. Joy loves shooting but he will not shoot with a gun, he will shoot with his camera and he will hunt not the birds but scenic view. An activity that will be a little difficult for them will be cooking food for themselves. Though no-one knows how to prepare food but on picnic, they will give it a shot.

Tell Five activities that you will do when you will go to picnic with your friends!

सूर्यास्त प्रकृति का एक सुंदर दृश्य है। शाम को सूरज पश्चिम में डूब जाता है। यह आज शाम 7 बजे नीचे चला जाएगा। यही वह समय है जब बच्चे अपना खेल खेलना बंद कर देंगे।

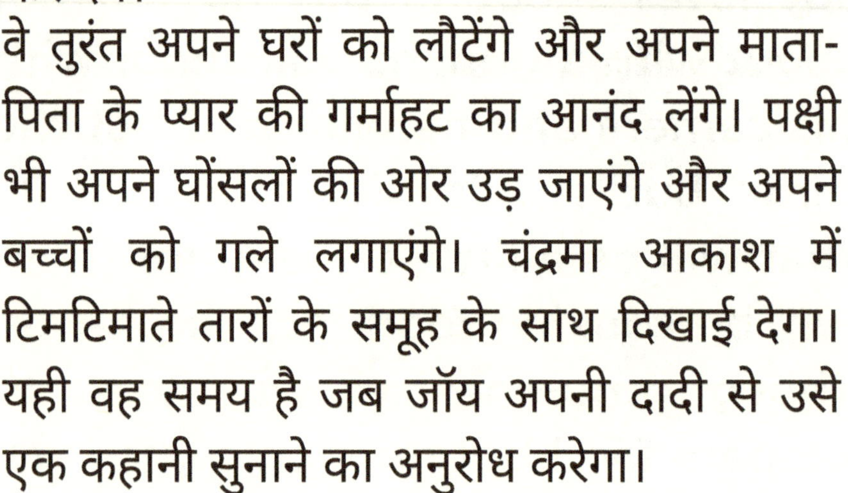

वे तुरंत अपने घरों को लौटेंगे और अपने माता-पिता के प्यार की गर्माहट का आनंद लेंगे। पक्षी भी अपने घोंसलों की ओर उड़ जाएंगे और अपने बच्चों को गले लगाएंगे। चंद्रमा आकाश में टिमटिमाते तारों के समूह के साथ दिखाई देगा। यही वह समय है जब जॉय अपनी दादी से उसे एक कहानी सुनाने का अनुरोध करेगा।

sets, will go down, stop playing, return, enjoy, fly back, cuddle, appear, request

Speak English - 4

The sun set is a beautiful panorama of nature. The sun sets in the west in the evening. It will go down at 7 o'clock today. This is the time when children will set aside their games. They will rush back to their homes and will enjoy the warmth of their parents' love. The birds too will fly back to their nests and will cuddle their little ones. The moon will appear in the sky with its bevy of twinkling stars. This is the moment when Joy will request his grandma to tell him a story.

Make Sentences :
Panorama, Warmth, Cuddle, Bevy

जॉय आज रसोई में कुछ पकाना चाहता है। वह अपनी बहन और अपने लिए सैंडविच बनाएगा। वह कुछ रोटियाँ लेगा और उनके कोनों को ठीक से काट देगा। फिर वह कुछ पत्तागोभी, टमाटर, हरी फलियाँ और पनीर के कुछ टुकड़े लेगा। वह उन्हें काटेगा, दही के साथ मिलाएगा, और कुछ मसाले जैसे नमक, काली मिर्च, चिली फ्लेक्स आदि डालेगा। वह तैयार मिश्रण को ब्रेड पर समान रूप से फैलाएगा और सभी टुकड़ों को बेक करने के लिए ओवन में रखेगा। उनकी बहन सभी प्रक्रियाओं में उनकी मदद करेंगी। वे रसोई में एक साथ काम करने का आनंद उठाएंगे।

wants to, make, take cut off, mix, put, spread, place, assist, relish

Joy wants to cook something in the kitchen today. He will make sandwiches for his sister and himself. He will take a few loaves of bread and cut off the corners of them properly. Then he will take some cabbage, tomatoes, green beans, and a few pieces of cheese. He will chop them, mix them with curd, and add a few spices like salt, pepper, chili flakes, etc. He will spread the prepared mixture on the bread evenly and place all the pieces in the oven to bake. His sister will support him through every step of the process. They will relish the fun of working together in the kitchen.

What will you cook in the kitchen and tell how will you make it?

एक दिन जॉय मंगल ग्रह पर उतरेगा और वह बहुत उत्साहित और जिज्ञासु होगा। लेकिन उसे आश्चर्य होगा, आसपास कोई नहीं होगा। लाल परिदृश्य अंतहीन, मौन और बंजर फैला रहेगा।

वह जीवन के संकेत खोजने की उम्मीद में ग्रह का पता लगाएगा, लेकिन उसे केवल चट्टानें और धूल ही मिलेंगी। अकेलेपन के बावजूद, जॉय इस दूर के ग्रह पर कदम रखने वाला पहला इंसान होने पर खुशी महसूस करेगा।

Speak English - 6

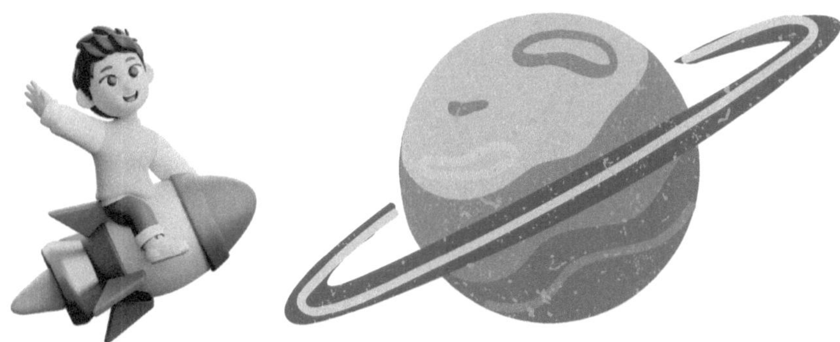

One day Joy will land on the Mars and he will be very excited and curious. But to his surprise, there will be no one around. The red landscape will stretch endlessly, silent and barren. He will explore the planet, hoping to find signs of life, but he will find only rocks and dust. Despite the solitude, Joy will feel on cloud nine for being the first human to set foot on this distant planet.

Know the Meaning
The red landscape - The Mars
Feel on cloud nine - feel happy

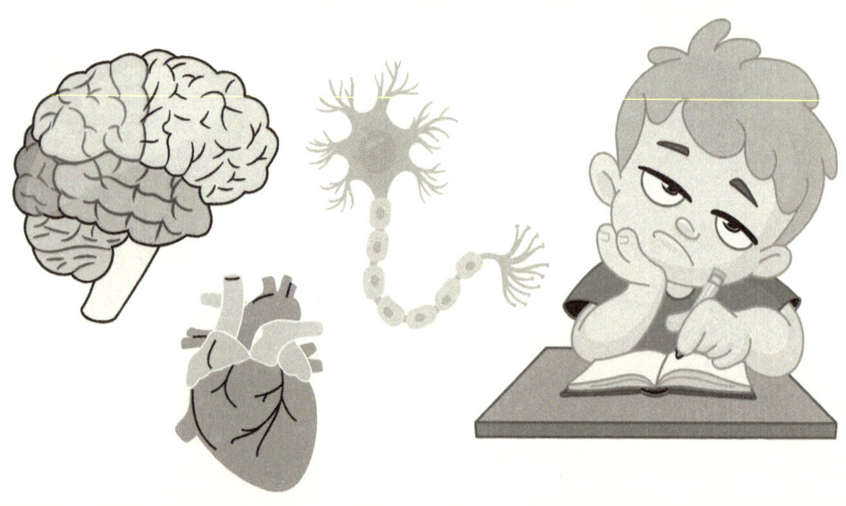

जॉय की आज परीक्षा है और वह इसके लिए तैयार नहीं है। वह टेस्ट देने जाएगा| वह अपने ज्ञान से पहेलियों को सुलझाने की कोशिश करेगा लेकिन अंधेरे में तीर काम नहीं करेगा और वह खुद को मुश्किल में पाएगा। चूंकि यह अंतिम परीक्षा नहीं है, इसलिए वह घबराएंगा नहीं | लेकिन उसे जीवन का एक महत्वपूर्ण सबक यह मिलेगा कि हमें हर दिन हर चीज वैसे ही सीखनी चाहिए जैसे स्कूल में शिक्षक पढ़ाते हैं।

Speak English - 7

Joy has his exam today and he is not ready for it. He will go to take the test. But he will be all at sea to see the questions. He will try to solve the riddles with his knowledge  but a shot in the dark will not work and he will find himself in a fix. As it is not a final test, so he will not break out in cold sweat. But he will get one important lesson of life that we should learn everything everyday as teachers teach it in the school.

All at Sea - Confused,
A shot in the dark - a wild guess
Break out in cold sweat - extremly nervous

शाम को जब जॉय अपने स्कूल से लौटेगा तो उसे एक सरप्राइज़ मिलेगा। उसे इस बात का अंदाजा नहीं है कि उसके पिता एक नई साइकिल के साथ तैयार हैं जिसके लिए जॉय हमेशा जिद करता है।

जब जॉय वापस आएगा तो हम उसे अपनी वर्दी बदलकर बगीचे में आने के लिए कहेंगे। वह इसे सहजता से लेगा और अपनी सहजता से वहां आएगा। वहां वह अपनी लाल साइकिल देखेगा और दंग रह जाएगा। वह हर बात तब समझेगा जब उसके पिता उससे चाबी पकड़कर अपनी नई साइकिल पर घूमने के लिए कहेंगे।

Return, get, has no idea, is ready, insist for, come back, ask, change, take it easy, come, see, taken aback, catch, ride

Speak English - 8

Joy will get a surprise when he will return from his school in the evening. He has no idea that his father is ready with a new cycle that Joy always insist for. When Joy will come back, we will ask him to change his uniform and come to the garden. He will take it easy and will come there at his ease. There he will see his red cycle and will be taken aback. He will have the world at his fingertips when his father will ask him to catch the keys and go on a ride on his new cycle.

What surprise do you plan for your mother's birthday?

जॉय जल्द ही स्कूल से वापस आ जाएगा। वह बेहद व्यवस्थित लड़का है। दोपहर के भोजन के लिए खाने की मेज पर आने से पहले वह अपनी पोशाक बदल लेगा और अपने हाथ ठीक से धो लेगा। दोपहर के भोजन के बाद वह कुछ देर आराम करेगा और मुझे स्कूल में अपने दिन के बारे में सब कुछ बताएगा। वह अपना होमवर्क पूरी लगन से पूरा करेगा और सारी किताबें स्टडी टेबल पर व्यवस्थित ढंग से रखेगा। शाम को अपने दोस्तों के साथ खेलना उसकी दिनचर्या है, इसलिए वह अच्छे से तैयार होगा, अपने जूते बांधेगा, मुझे अलविदा कहेगा और शानदार शाम बिताने के लिए बाहर चला जाएगा। जो बच्चे अपनी दिनचर्या का अच्छे से पालन करते हैं वे हमेशा स्वस्थ और खुश रहते हैं।

will come, change, wash, take rest, tell, complete, place, dress up, tie-up, say bye, go out, follow, stay

Speak English - 9

Joy will come back from school soon. He is an extremely methodical boy. He will change his dress and wash his hands properly before he comes to dinning table for lunch. After lunch, he will relax for a while and then fill me in on all the details of his day at school. He will complete his home work diligently and place back all the books on study table systematically. It is routine to play with his friends in the evening so he will dress up smartly, tie up his shoes, say me bye and run out to have wonderful evening. The children who follow their routine nicely always stay healthy and happy.

Make Sentences
Extremely, properly, diligently, systematically, smartly, nicely

जॉय को खाने से जन्मजात प्रेम है। उसे अलग-अलग व्यंजनों का स्वाद चखना पसंद है। मैं उसे अगले रविवार को सिटी फूड कॉर्नर पर ले जाऊंगा। वह पेश किए गए विविध प्रकार के व्यंजनों का लुत्फ़ उठाएंगे। चूंकि उसे मसालेदार भोजन पसंद है, इसलिए वह वही सब खाएगा जो तीखा हो। वह स्वादिष्ट शुरुआत के साथ शुरुआत करेगा और बीच-बीच में अपने पसंदीदा पेय पदार्थ लेंगा। जॉय अपने स्वाद को संतुष्ट करने में विश्वास रखता है लेकिन निश्चित रूप से वह अपना भोजन संयमित रूप से खाता है। वह अगले दिन उपवास पर रहेंगा क्योंकि वह सप्ताह में एक दिन खाली पेट उपवास करने की आदत का पालन करते हैं।

has, taste, take, delight, like, take, believe, consume, go on fasting

Joy has an innate love for food. He loves to taste different delicacies. I will take him to the city Food Corner next Sunday. He will delight in the diverse array of dishes on offer.

As he loves spicy food, he will take whatever is fiery. He will start with appetizing starters and take his favourite beverages in between. Joy believes in satisfying his palate but surely he consumes his food moderately. He will go on fasting next day as he follows the habit of embarking on an empty stomach one day in a week.

Tell your diet routine for Monday next.

आने वाला कल छोटे बच्चों के लिए खुशियों का सागर लेकर आने का वादा करता है क्योंकि बुजुर्ग लोग समझदार हो जाएंगे।

उन्हें बचपन के महत्व का एहसास होगा और वे अपने बच्चों को जीवन के इस पड़ाव पर जीने के लिए पर्याप्त समय देंगे। पढ़ाई का बोझ नहीं रहने से बच्चों को खेलने का अच्छा समय मिलेगा। वे अपने माता-पिता के साथ बैठेंगे और परियों और भूतों की कहानियाँ सुनने का आनंद लेंगे। कोई भी उनकी तुलना दूसरों से नहीं करेगा। स्कूल उनके लिए शैक्षणिक अंक नहीं बल्कि ज्ञान हासिल करने की जगह होगी। पढ़ाई के नाम पर शिक्षक और माता-पिता उनसे उनका खूबसूरत बचपन नहीं छीनेंगे।

Usher, realize, compare, serve, rob off

Tomorrow promises to usher in an ocean of happiness for little kids as elderly folk will grow wise. They will realize the importance of childhood and will give their children ample time to live the stage of life. Children will get good time to play as there will be no burden of studies. They will be more inclined to sit with their parents. and enjoy listening the stories of fairies and ghosts. No one will compare them with others. School will serve as a platform for them to acquire knowledge rather than merely focusing on academic grades. Teachers and parents will not rob them off their precious childhood by prioritizing academics over their joy and growth.

वह दिन आएगा जब पैसे पेड़ों पर उगेंगे और सबकी जेबें धूप से भरी होंगी। क्रोधी राक्षसों की तरह बड़बड़ाते हुए अब कोई खाली पेट नहीं जाएगा। हर किसी के पास उसकी ज़रूरतों के लिए सब कुछ होगा। इस जादुई भूमि में, बादल भी मुस्कुराहट लाएंगे और बारिश दर्द के बजाय खुशी बरसाएगी। ख़ुशी राष्ट्रगान होगी, और हर दिन लॉटरी जीतने जैसा महसूस होगा। गरीबी के बिना जीवन आनंदमय होगा!

Dawn, grow, go empty stomatch, rumble, will have, wear, shower down, feel like, will be

Speak English - 12

The day will dawn when will money grow on trees and everyone will have pockets full of sunshine. No more will go empty stomachs rumbling like grumpy monsters. Everyone will have the everything for their needs. In this magical land, even the clouds will wear smiles and the rain will shower down pleasure instead of pain. Happiness will be the national anthem, and every day would feel like winning the lottery. Life will be merry-go-round without poverty!

Make Sentences

Pocket full of sun-shine, Empty stomach, Grumpy monster

एक हरे-भरे घास के मैदान में, जॉय अपने खरगोश के साथ खेलेगा। वे एक लाल तितली को एक बीमार मेमने के चारों ओर फड़फड़ाते हुए पाएंगे। मदद करने के लिए दृढ़ संकल्पित, जॉय मेमने के पास जाएगा और उसका खरगोश पास के जंगल से कुछ उपचार जड़ी-बूटियाँ लाएगा। कोमल कुहनी से, जॉय मेमने को जड़ी-बूटियाँ खाने के लिए आग्रह करेगा। जॉय की दयालुता से प्रभावित तितली मेमने पर जादुई धूल छिड़केगी। जल्द ही, मेमना फिर से खेलना शुरू कर देगा। हमें हमेशा याद रखना चाहिए कि दयालुता और दोस्ती अप्रत्याशित तरीके से चमत्कार ला सकती है।

Speak English - 13

In a lush meadow, Joy will play around with his rabbit. They will discover a red butterfly fluttering around a sick lamb. Determined to help, Joy will go to the lamb and his rabbit will bring some healing herbs from the nearby woods. With gentle nudges, Joy will urge the lamb to eat the herbs. The butterfly, touched by Joy's kindness will sprinkle magical dust over the lamb. Soon, the lamb will start frolicking again. We should always remember that kindness and friendship could bring about miracles in unexpected ways.

Make Sentences

Meadow, determined, with gentle nudge, sprinkle, unexpected

जॉयएक ध्यान आकर्षित करने वाला लड़का है। उसके पास बहुत सारे खिलौने हैं और वह स्वेच्छा से अपने खिलौने अपने दोस्तों के साथ बाँटता है।

लेकिन सबका ध्यान खींचने के लिए वह अपनी खिलौना कार अपनी बहन के साथ शेयर नहीं करेगा | जिनी शाम को कार मांगेगी और जॉय उसे कहीं छिपा देगा। सब लोग उससे गाड़ी लाने का अनुरोध करेंगे लेकिन वह ऐसे जाकर बैठ जाएगा, उसे कुछ नहीं पता। वह कार ढूंढने के लिए अपने घर का हर कोना देखेगी लेकिन कोई नतीजा नहीं निकला। जॉय अपनी बहन को मूर्ख बनाने की अपनी जीत पर हँसेगा। जब उसके माता-पिता उसकी मांगों को लेकर उसे प्रलोभित करेंगे, तो वह कहीं से भी खिलौना ले आएगा।

is, has, share, ask for, request, go and sit , know, look for, chuckle,

Joy is an attention seeker boy. He has many toys and he shares his toys with his friends willingly. But he will not share his toy car with his sister to get everyone's attention. Jini will ask for the car in the evening and joy will hide it somewhere. Everyone will request him to bring the car but he will go and sit in a way, he knows nothing. She will look every nook and corner of her house to find the car but with no result. Joy will chuckle at his victory of befooling his sister. When his parents will tempt him with his demands, he will bring the toy from somewhere.

जॉय जीवन को सरल बनाने के उद्देश्य से अभूतपूर्व रचनाओं का आविष्कार करने की कल्पना करता है। इन नवाचारों के बीच, उन्होंने उड़ने वाले जूतों के विकास की कल्पना की है।

ऐसा आविष्कार पूरे अस्तित्व में क्रांति ला देगा। यह एक ऐसा समय होगा जब लोग अपने गंतव्य तक पहुंचने के लिए आसमान में उड़ान भरेंगे, इससे सड़कें और ईंधन अप्रचलित हो जाएंगे। सड़कें उन पर दौड़ते धातु राक्षसों से नहीं हिलेंगी। परिणामस्वरूप, पारंपरिक कार फ़ैक्टरियाँ परिचालन बंद कर देंगी। बच्चे पक्षियों के साथ मैत्रीपूर्ण प्रतियोगिताओं में भाग लेते हुए उड़ान भरेंगे। वे अपनी बाल्टियाँ बादलों से भरने और अपनी इच्छानुसार किसी भी पेड़ से ताज़ा फल तोड़ने में प्रसन्न होंगे।

envision, revolutionize, soar through, rattle, cease, take flight, fill, pluck

Speak English - 15

Joy envisions inventing groundbreaking creations aimed at simplifying life. Among these innovations, he envisions the development of flying shoes. Such an invention will revolutionize the entire existence. It will be a time where individuals will soar through the skies to reach their destinations, it will render the roads and fuel obsolete. The roads will not rattle with the running metal monsters on it. Consequently, traditional car factories would cease operations. Children would take flight, engaging in friendly competitions with birds. They will delight in filling their buckets with clouds and harvesting fresh fruit from any tree at their whim.

> **What will you do if you get a pair of flying shoes?**

जॉय सुबह देर से उठा क्योंकि उसका अलार्म काम नहीं किया । अब वह जल्दी करेगा| वह दस मिनट में तैयार होने की कोशिश करेगा | उसकी स्कूल बस ठीक सात बजे आती है और वह उसे पकड़ने की कोशिश करेगा। उसके पिता उस पर चिल्लाएंगे क्योंकि उसका बैग तैयार नहीं है। उसकी माँ उसे नाश्ता करने और जाने से पहले भगवान से प्रार्थना करने के लिए कहेगी। जॉय जल्दबाजी में गलत शर्ट पहन लेगा। वह अपने जूतों के फीते बांधना भूल जाएगा और बस स्टॉप की ओर भागेगा। आज वह अपनी ही घड़ी के अनुसार चलेगा।

woke up, did not work, make hurry, try, comes, catch, shout, ask, wear, forget, rush, run

Joy got up late in the morning as his alarm did not work. Now he will make hurry. He will attempt to prepare himself within the span of ten minutes. His school bus comes sharp at seven and he will try to catch it. His father will shout at him as his bag is not ready. His mother will ask him to take his breakfast and pray to God before leaving. Joy will wear wrong shirt in haste. He will forget to tie up the laces of his shoes and will rush to bus stop. Today he will run on his own clock.

Make Sentences

Make hurry, in haste, rush to, run on his own clock

जॉय की दोस्त जैसिका एक बातूनी है। वह इतनी बातूनी है कि अपनी जुबान को आराम ही नहीं देती। हमारी मुलाकात शुरू होने वाली है और वह जल्द ही यहां आएंगी। वह किसी को एक शब्द भी बोलने की इजाजत नहीं देगी क्योंकि वह हमेशा अंतहीन कहानियों से भरी रहती है। पिछली बार जब हम मिले थे तो वह इतनी हँसमुख और गपशप कर रही थी कि हमने उससे दूसरों की बात भी सुनने का अनुरोध किया था। लेकिन कोई फायदा नहीं हुआ। आप जानते हैं कि पुरानी आदतें बड़ी मुश्किल से जाती हैं।

Joy's friend Jassica is a chatterbox. She is so talkative that she hardly gives rest to her tongue. Our meeting is going to start and she will be here soon. She will not allow anyone to utter even a single word as she is always full of endless tales. Last time when we met, she was so gleeful and gossipy that we requested her to lend ears to others too. But of no use. You know, old habits die hard.

एक बार एक धूप वाले दिन, जॉय की नज़र एक खोए हुए पिल्ले पर पड़ी। जानवरों के प्रति अपने लगाव के बावजूद, वह जल्दी से अपने रास्ते पर चलता रहा। आज वह उस गली से गुजरेगा और कुछ ऐसा देखेगा जिसे देखकर वह रो पड़ेगा।

लिली, एक अंधी लड़की, छोटे पिल्ले की कर्कश आवाज़ सुनेगी, वह उसके पास जाने का रास्ता खोजेगी, उसे अपनी गोद में लेगी और उसे उसके मालिक को लौटा देगी। मालिक अपने पालतू जानवर को वापस पाकर रोने लगेगा और लिली को उसकी दयालुता के लिए बहुत धन्यवाद देगा। जॉय को अपनी निष्क्रियता पर पछतावा महसूस होगा। प्रेरित होकर, वह एक पशु आश्रय स्थल में स्वेच्छा से काम करेगा, जहाँ उसे सच्ची खुशी और संतुष्टि का अनुभव होगा।

Stumble upon, continued, cross, witness, cry, hear, find, take, return, burst into tears, thank, feel remorseful, volunteer, experience

Speak English - 18

Once upon a sunny day, Joy stumbled upon a lost puppy. Despite his fondness for animals, he hurriedly continued on his way.

Today he will cross the same lane and will witness something that will make him cry. Lily, a blind girl will hear the sulking sounds of the little pup, she will find her way to him, take him in her lap and will return him to his owner. The owner will burst into tears to find his pet back and thank Lily a lot for her act of kindness. Joy will feel remorseful for his inaction. Inspired, he will volunteer at an animal shelter, where he will experience true joy and fulfillment.

Make Sentences

Stumble upon, witness, burst into tears, feel remorseful

एक छोटा लड़का था जिसका नाम राहुल था| उनका सपना था कि वह एक दिन एक महान वैज्ञानिक बनेंगे। जब वे स्कूल में थे तो उन्होंने कई विज्ञान प्रतियोगिताओं में भाग लिया और हमेशा अच्छा प्रदर्शन किया। उन्होंने वादा किया कि वह भविष्य में नई खोज करेंगे जिससे मानवता को मदद मिलेगी। राहुल ने सोचा कि वह अपने शोध कार्य को आगे बढ़ाएंगे और एक दिन उनका नाम दुनिया के सर्वश्रेष्ठ वैज्ञानिकों में शामिल किया जाएगा। यह नए ऊर्जा स्रोतों की खोज में योगदान देगा जो पर्यावरण के अनुकूल होंगे। उन्होंने यह भी सोचा कि इससे दुनिया भर के स्कूलों में विज्ञान की शिक्षा को बढ़ावा मिलेगा। उनका सपना था कि वे अपने जीवनकाल में विज्ञान की दुनिया में कुछ अद्वितीय और मूल्यवान योगदान देंगे।

would become, participated, promised, would make, would carry forward, will contribute

There was a little boy whose name was Rahul. He had a dream that he would become a great scientist one day. When he was in school, he participated in many science competitions and always performed well. He promised that he would make new discoveries in the future that would help humanity. Rahul thought that he would carry forward his research work and one day his name would be included among the best scientists of the world. It will contribute to the discovery of new energy sources that will be environment friendly. He also thought it would promote science education in schools around the world. His dream was that he would make some unique and valuable contribution to the world of science in his lifetime.

'will' changes into **'would'** when it is used to describe some action of the past.

खेत सूखा था, खेतों में कोई फसल नहीं थी क्योंकि किसान बहुत गरीब था । उसके पास बीज खरीदने और खेत जोतने के लिए पैसे नहीं थे। एक दिन उसे सपने में देवी समृद्धि मिली जिन्होंने उससे कहा कि उसके दिन जल्द ही बदल जाएंगे। वह रोज सुबह उठकर खेतों में काम करने चला जाएगा। उसके पास एक बड़ा और उपजाऊ खेत होगा, जहाँ वह गेहूँ और चावल उगाएगा। उसके परिश्रम का फल उसे हर वर्ष अच्छी फसल से पुरस्कृत करेगा।

The field was dry, there was no crops in the fields because the farmer was very poor. He had no money to buy the seeds and to plough the fields. One day he got Goddess Prosperity in his dream who told him that his days would change soon. Every dawn, he'll rise and make his way to toil in the fields for the day. He will have a large and fertile farm, where he will grow wheat and rice. The fruits of his labor will reward him with a good harvest every year.

Make Sentences
Prosperity, Dream, Fertile, Reward, Harvest

भविष्य में, तकनीक की दुनिया में कई नवाचार होंगे। लोग और अधिक उन्नत रोबोट्स का उपयोग करेंगे। इंटरनेट की गति अब से कहीं अधिक तेज होगी। स्मार्ट होम्स और शहरों का निर्माण व्यापक रूप से होगा।

स्वास्थ्य देखभाल में कृत्रिम बुद्धि का इस्तेमाल और भी बढ़ जाएगा। भविष्य में इंसानों और एआई के बीच अंतर करना मुश्किल हो जाएगा। इसमें कोई आश्चर्य की बात नहीं है कि किसी को कभी पता नहीं चलेगा कि वह किसी वास्तविक इंसान से बात कर रहा है या एआई बने रोबोट से।

Speak English - 21

In the future, there will be many innovations in the world of technology. People will use more advanced robots.

The speed of the internet will be much faster than now. The construction of smart homes and cities will be widespread. The use of artificial intelligence in healthcare will increase even more. In the future, it will be hard to distinguish between humans and AI. There is nothing amazing that one will never know whether he is in talk with a real human being or AI generated Robot.

How will you programme your robot for daily use?

आधुनिक नारी अपने रास्ते पर अग्रसर है इसलिए भविष्य में महिलाओं की स्थिति और अधिक सुरक्षित होगी। वह न केवल अपने बच्चों की देखभाल करेगी बल्कि

बाहर के सभी क्षेत्रों में अपनी क्षमता साबित करेगी, वह साबित करेगी कि वह एक अच्छी मां है, वह एक अच्छी कामकाजी महिला है, वह एक सक्षम नेता है, वह एक अच्छी निर्णय लेने वाली महिला है। और वह अपनी बुद्धि से संसार पर शासन करेगी। वह समाज में अधिक अनुशासन, प्रेम और करुणा तथा समझ का माहौल बनाएगी।

Modern eve is on the march so the status of women will be more secured in future. She will not only take care of her children only but will prove her potential in all the spheres outside, she will prove that she is a good mother, she is a good working woman, she is a capable leader, she is a good decision maker and she will harness the power of her intellect to reign supreme over the world. She will create more discipline, love and atmosphere compassion and understanding in the society.

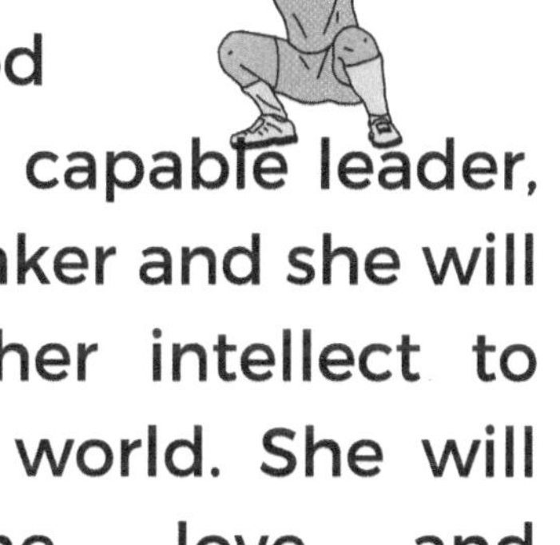

Every modern Eve weaves her own destiny.

जॉन एक प्रतिभाशाली छात्र है, वह अपनी पढ़ाई में रुचि लेता है, कक्षा में अपने शिक्षकों की बात बहुत ध्यान से सुनता है और हमेशा उत्कृष्ट परिणाम लाता है। लेकिन एक समस्या है,

हाल ही में स्कूल में एक वार्षिक समारोह था और उसने अन्य छात्रों के विपरीत किसी भी गतिविधि में भाग नहीं लिया लेकिन बाद में उसे पश्चाताप हुआ। अगले साल वह इस कार्यक्रम में हिस्सा लेंगे। वह अपनी किताबों से बाहर आएंगे और मंच पर जाएंगे और दुनिया के सामने अपनी प्रतिभा का प्रदर्शन करेंगे। आज वह जानता है, "सारा काम और कोई खेल न होना जैक को एक सुस्त लड़का बनाता है।"

brilliant, excellent, repentant, talent

John is a brilliant student, he takes interest in his studies, listens to his teachers very carefully in the class and always brings excellent result. But there is a problem, recently there was an annual function in the school and he did not participate in any activity unlike other students but later felt repentant. Next year he will take part in the event. He will come out of his books and will go on the stage and he will exhibit his talent to the world. Today he knows, **"All work and no play makes Jack a dull boy."**

Children should be encouraged for extracurricular activities as Variety is the spice of life.

आज एक कौआ प्यासा है और दुर्भाग्य से पानी की एक बूँद भी कहीं उपलब्ध नहीं है। यह पक्षी बहुत बुद्धिमान है और वह आसानी से हार नहीं मानेगा, वह पानी की तलाश में उड़ेगा और एक बगीचे में

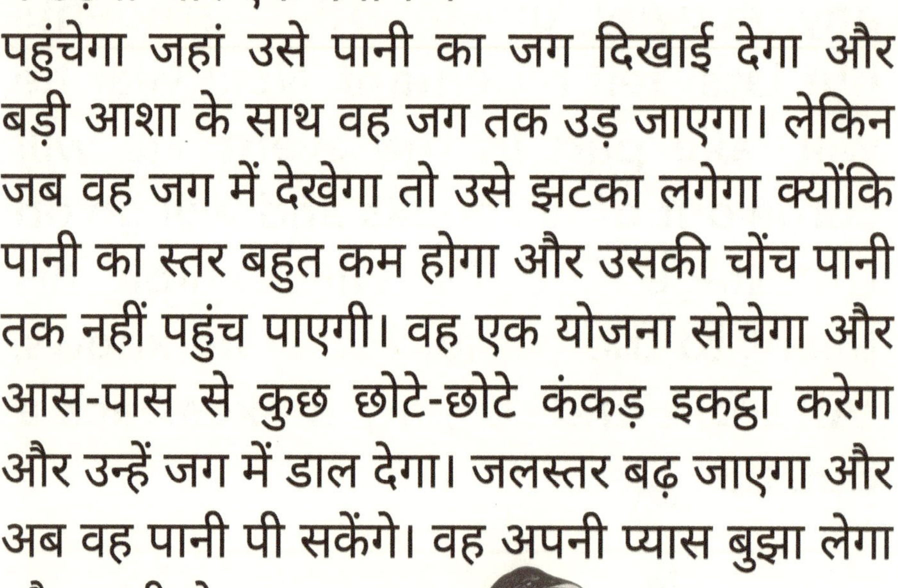

पहुंचेगा जहां उसे पानी का जग दिखाई देगा और बड़ी आशा के साथ वह जग तक उड़ जाएगा। लेकिन जब वह जग में देखेगा तो उसे झटका लगेगा क्योंकि पानी का स्तर बहुत कम होगा और उसकी चोंच पानी तक नहीं पहुंच पाएगी। वह एक योजना सोचेगा और आस-पास से कुछ छोटे-छोटे कंकड़ इकट्ठा करेगा और उन्हें जग में डाल देगा। जलस्तर बढ़ जाएगा और अब वह पानी पी सकेंगे। वह अपनी प्यास बुझा लेगा और खुशी से उड़ जाएगा।

A crow is thirsty today and unfortunately not even a single drop of water is available anywhere. This bird is very intelligent and he will not give up easily, he will fly in the search of water and he will reach a garden where he will see jug of water and with the great hope he will fly up to the jug. But when he will look into the jug, he will get a shock because the water level will be very low and his beak will not reach up to the water. He will think a plan and will collect some little pebbles from the nearby and he will put them into the jug. The water level will rose and now he would be able to drink water. He will quench his thirst and will fly away happily.

Where there is a will, there is a way!

घर में तीस चूहे थे लेकिन अब केवल बाईस बचे हैं। एक बिल्ली उनके लिए परेशानी का सबब है| जब बिल्ली दूर होती है तो चूहे खेलते हैं और जब बिल्ली आसपास नहीं होती तो वे स्वतंत्र रूप से इधर-उधर भागते हैं।

बिल्ली घर की सबसे प्रिय पालतू जानवर है और वह बार-बार आती है, एक चूहे को ले जाती है और उसे खा जाती है। चूहे बिल्ली से छुटकारा पाना चाहते हैं। इसलिए उन्होंने एक बैठक में निर्णय लेते हैं कि वे बिल्ली के गले में घंटी बांधेंगे और जब बिल्ली आएगी, तो उन्हें उसके आने के बारे में पता चल जाएगा और वे तुरंत अपने बिलों में छिप जाएंगे। वे अपनी बुद्धिमत्ता पर प्रसन्न होते हैं लेकिन बूढ़ा चूहा उनसे पूछता है कि बिल्ली के गले में घंटी कौन बांधेगा। अब सभी चूहे चुप हैं क्योंकि कोई भी बिल्ली के गले में घंटी बांधने की हिम्मत नहीं करेगा।

Speak English - 25

There were thirty mice in the house but now there are only twenty two. A cat is a source of trouble for them. The mice play when the cat is away and they run around freely when cat is not around.

The cat is the beloved pet of the house and she comes stealthily, takes away a rat and eats him up. The rats want to get rid of the cat. So they decide in a meeting that they will bell the cat and when the cat will come, they will come to know about her coming immediately they will hide themselves in their holes. They feel happy at their intelligence but the old mouse asks them who will bell the cat. Now all the mice are silent because no one will dare bell the cat.

जॉय वजन कम करने के लिए व्यापक दृष्टिकोण अपनाएंगे। वह संतुलित आहार खाने से शुरुआत करेंगे जहां वह जंक फूड से परहेज करेंगे। इसके बजाय फल,

सब्जियां और लीन प्रोटीन उनके आहार का हिस्सा होंगे। वह हर दिन व्यायाम करना भी शुरू कर देगा, जिसकी शुरुआत तीस मिनट की तेज सैर से होगी और धीरे-धीरे इसमें कार्डियो और शक्ति प्रशिक्षण भी शामिल होगा। इसके अतिरिक्त, वह पर्याप्त नींद लेना भी सुनिश्चित करेगा। जल्दी सोना, जल्दी उठना, यही उनकी जीवनशैली होगी। नियमित ध्यान से उनका तनाव स्तर कम हो जाएगा। इस योजना पर कायम रहकर, जॉय को एक स्वस्थ जीवन जीने और लगातार वजन कम करने की उम्मीद है।

Speak English - 26

Joy will take a comprehensive approach to weight loss. He will start by eating a balanced diet where he will avoid junk food. Instead fruits, vegetables and lean proteins will be part of his diet. He will also begin exercising every day, starting with a brisk thirty-minute walk and gradually adding cardio and strength training. Additionally, he will also ensure to get adequate sleep. Sleeping early, waking up early, this will be his lifestyle. Regular meditation will reduce his stress level. By sticking to this plan, Joy hopes to live a healthy life and continue losing weight.

"An ounce of prevention is worth a pound of cure."

भविष्य में, मैं जल्द ही उद्यमिता की अपनी यात्रा शुरू करूंगा। जैसे ही मैं अपना छोटा व्यवसाय स्थापित करूंगा, मैं रोजगार के अवसर पैदा करूंगा,

अपने परिवार और खुद के लिए समृद्धि को बढ़ावा दूंगा। मैं अपने समुदाय के भीतर एक रोल मॉडल बनने की कल्पना करता हूं। मैं प्रदर्शित करूंगा कि समर्पण और दृढ़ता से सपने साकार किये जा सकते हैं। अपने काम के प्रति एक भावुक प्रतिबद्धता के साथ, मैं सकारात्मक प्रभाव डालने और आगे आने वाली अनंत संभावनाओं को प्रदर्शित करने का प्रयास करूंगा।

embark, establish, create, envision, demonstrate, strive, showcase

In the future, I will embark on my journey of entrepreneurship very soon. As I establish my small business, I will create employment opportunities, fostering prosperity for my family and myself. I envision becoming a role model within my community. I will demonstrate that dreams are achievable with dedication and perseverance. With a passionate commitment to my work, I will strive to make a positive impact and showcase the endless possibilities that lie ahead.

Discuss your future endeavors !

यदि मुझे संसार पर शासन करना हो, तो सबसे पहले मैं सभी जीवित प्राणियों के जीवन से दर्द और बीमारी को बाहर निकाल दूँगा। मैं सबके लिए ख़ुशियों का पिटारा खोल दूँगा। फिर, मैं ज्ञान को फूलों की खुशबू की तरह फैलाऊंगा ताकि हर कोई परिवार की तरह एक-दूसरे की देखभाल करे। मैं इस ग्रह पर घृणा, ईर्ष्या और द्वेष की भावना को अस्तित्व में नहीं आने दूंगा। अंत में, मैं हमारे ग्रह को फिर से चमकदार बनाने, हमारे और हमारे पोते-पोतियों के लिए इसे सुंदर बनाए रखने के लिए कुछ जादू छिड़कूंगा।

If I were to rule the world, I would first kick out pain and sickness from the life of all living beings. I will unveil the treasure trove of happiness for everyone. Then, I will spread wisdom like fragrance of flowers so everyone would care for each other like family. I will not allow the feeling of hatred, jealousy and ill-will to exist on this planet. Lastly, I would sprinkle some magic to make our planet sparkle again, keeping it beautiful for us and our grandkids.

Tell five things that you will do if you become a supreme power.

किसी जंगल में टूटे पंख वाली एक गौरैया होगी। वह निराश महसूस करेगी और एक दिन एक बुद्धिमान उल्लू एक रहस्य उजागर करेगा।

मधुर धुनें गाना सीखकर, उसकी धुनें दिलों को छू जाएंगी। गाते समय, पास से गुजरने वाला एक यात्री उसे सुनेगा और उसके पंख को ठीक करेगा। अपने प्यारे गीतों के साथ, वह कई दोस्तों को इकट्ठा करेगी जो उसे खतरों से बचाएंगे। आखिरकार, उसकी प्रसिद्धि राजा तक पहुंच जाएगी, जो अपने सर्वश्रेष्ठ डॉक्टरों को उसके पंख को ठीक करने का आदेश देगा और वह अच्छा दिन आएगा जब छोटी गौरैया एक बार फिर ऊंची उड़ान भरेगी।

hopeless, melodies,

Speak English - 29

In a forest, there will be a sparrow with a broken wing. She will feel hopeless and one day a wise owl will reveal a secret.

Learning to sing sweet tunes, her melodies will move hearts. While singing, a traveler passing by will hear her and mend her wing. With her lovely songs, she'll gather many friends who will shield her from dangers. Eventually, her fame will reach the king, who will command his best doctors to fix her wing and the fine day will com when the little sparrow will fly high once again.

Share this story with someone for speaking Practice.

मेरे पागलपन भरे सपने मुझे बताते हैं कि आने वाले वर्षों में उड़ने वाले जूते सच हो जाएंगे। विज्ञान हमारे जीवन को बदल देगा। हम ये जादुई जूते पहनेंगे और सहजता से जमीन से ऊपर उड़ेंगे। ट्रैफिक जाम और उबाऊ लंबी यात्राओं से छुटकारा मिलेगा| प्रत्येक कदम के साथ, हम सड़कों पर यात्रा के सभी खतरों से खुद को सुरक्षित रखते हुए हलचल भरे शहरों से गुजरेंगे। हर कोई कारों और ट्रेनों में चढ़ने के बजाय काम पर जाने के लिए उड़ान भरेगा। हमारे चारों ओर केवल सुंदर प्रकृति और शुद्ध वातावरण होगा क्योंकि इको फ्रेंडली फ्लाइंग जूते जीवमंडल को सभी प्रकार के प्रदूषण से बचाएंगे।

Pick important vocabulary for your daily use.

My craziest dreams tell me that flying shoes will become real in coming years. Science will transform our lives. We'll wear these magical shoes and soar above the ground effortlessly. We will get rid of traffic jams and boring long journeys. With each step, we will glide over bustling cities keeping ourselves safe from all dangers of travelling on the roads. Everyone will fly to work instead of boarding cars and trains. There will be only beautiful nature and pure environment all around us because echo friendly flying shoes will save the biosphere from all type of pollution.

कई वर्षों से मेरा भाई अपने स्कूल के कुछ साथियों के संपर्क में नहीं है। हाल ही में सोशल प्लेटफॉर्म पर उनकी मुलाकात हुई और उन्होंने पुनर्मिलन का फैसला किया। तो दोस्तों में उत्साह है। मेरा भाई अगले सप्ताह अपने दोस्तों से मिलेगा। वे एक साथ इकट्ठा होंगे, कहानियाँ साझा करेंगे और दिल खोलकर हँसेंगे। वे पुराने समय को याद करेंगे और नई यादें बनाएंगे। यह गर्मजोशी और सौहार्द से भरा एक आनंदमय पुनर्मिलन होगा, जो आने वाले वर्षों के लिए उनके बंधन को मजबूत करेगा।

excitement, heartily, reminisce, joyous reunion, warmth and cordiality

It is years my brother is not in touch with some of his school mates. Recently they had a meet at social platform and they decided to have a reunion. So there is excitement among the friends. My brother will meet his friends next week. They will gather together, share stories and laugh heartily. They will reminisce about old times and make new memories. It will be a joyous reunion full of warmth and cordiality, strengthening their bond for years to come.

Conditional Sentences

भविष्य के अनिश्चित शर्तावली वाक्यों का महत्व है कि वे हमें किसी की संभावित परिणाम के बारे में सोचने और उसकी संभावनाओं को समझने में मदद करते हैं। ये वाक्य एक कल्पनात्मक स्थिति को व्यक्त करते हैं, जिसके परिणाम के बारे में बताते हैं जो भविष्य में हो सकता है। इन वाक्यों के माध्यम से हम संभावित निष्क्रिय या सक्रिय क्रियाओं के परिणाम के बारे में अनुमान लगा सकते हैं। यहाँ कुछ महत्वपूर्ण उदाहरण हैं:

1. अगर आप अधिक पढ़ते हैं, तो आपका अध्ययन अधिक अच्छा होगा।
2. यदि बारिश होती है, तो हम पार्टी में नहीं जाएँगे।
3. अगर वह अधिक व्यायाम करती है, तो वह अच्छे स्वास्थ्य का लाभ उठाएगी।
4. यदि तुम मेरे साथ चलोगे, तो हम मज़े करेंगे।
5. अगर वे समय पर आते हैं, तो कॉन्सर्ट शुरू हो चुका होगा।

इन उदाहरणों में, शर्ता की जाती है कि एक विशेष क्रिया के संभावित परिणाम के बारे में। यह वाक्य हमें संभावित भविष्य के बारे में सोचने और संभावित परिणामों के बारे में विचार करने के लिए मदद करते हैं।

Conditional Sentences

In future indefinite conditional sentences, we typically use the simple future tense in the main clause and the present simple tense in the if-clause. These sentences express a hypothetical situation and its possible outcome in the future. Here's the general structure:

If + simple present, will + base form of verb

Here are some examples:

1. If it rains tomorrow, we will stay indoors.
2. If I win the lottery, I will buy a new house.
3. If she studies hard, she will pass the exam.
4. If you invite me to the party, I will bring a gift.
5. If they arrive late, the concert will already have started.

- यदि आप कड़ी मेहनत करेंगे तो आपको सफलता मिलेगी।
- यदिआप सच बोलेंगे तो लोग आप पर भरोसा करेंगे।
- अगर वह मेरे पास आएगा तो मैं उसकी मदद करूंगा।
- यदि वह क्षमा माँगता है तो मैं उसे क्षमा कर दूँगा।
- यदि आप समय को महत्व देते हैं तो समय आपको मूल्यवान बना देगा।
- अगर बारिश हुई तो मुझे देर हो जाएगी।
- अगर आप अपने शिक्षक की बात सुनेंगे तो आपको कई महत्वपूर्ण बातें पता चलेंगी।
- अगर वह खिलौनों के लिए जिद करेगा तो मैं उसे एक खरीद दूँगा।
- अगर वह घर का रास्ता भूल जाए तो मुझे बुला लेना।
- अगर मैं लॉटरी जीत गया तो मैं दुनिया भर में यात्रा करूंगा।
- अगर कल बारिश होती है तो हम अपनी पिकनिक रद्द कर देंगे।
- यदि वह मन लगाकर पढ़ाई करेगी तो परीक्षा में अच्छे अंकों से उत्तीर्ण होगी।
- यदि आप धर्मग्रंथ पढ़ेंगे तो आपको हमारे देश की महान संस्कृति का पता चलेगा।
- यदि आप पर्याप्त पैसा बचाते हैं, तो आप अगले साल एक नई कार खरीद सकते हैं।

Practice Conditional Sentences

- If you work hard, you will get success.
- If you speak the truth, the people will trust you.
- If he comes to me, I will help him.
- If he begs pardon, I will forgive him.
- If you value time, time will make you valuable.
- If it rains, I will get late.
- If you listen to your teacher, you will get to know many important things.
- If he insists for the toys, I will buy him one.
- If he forgets the way to home, he will call me.
- If I win the lottery, I will travel around the world.
- If it rains tomorrow, we will cancel our picnic.
- If she studies hard, she will pass the exam with flying colors.
- If you read the scriptures, you will get to know the great culture of our country.
- If you save enough money, you can buy a new car next year.

- यदि तुम सच नहीं बोलोगे तो मैं तुम्हें जाने नहीं दूँगा।

- यदि उसने धूम्रपान नहीं छोड़ा तो वह अपने विनाश को आमंत्रित करेगा।

- यदि आप पौधे नहीं लगाएंगे तो आपका बगीचा सूख जाएगा।

- यदि आप भाषा के मूल तत्वों को नहीं समझते हैं तो आप उसे आत्मविश्वास से नहीं बोल पाएंगे।

- अगर आप अपने बच्चों के लिए किताबें नहीं खरीदेंगे तो उनमें किताबें पढ़ने की आदत नहीं विकसित होगी।

- यदि हम आज अधिक से अधिक पौधे नहीं उगाएंगे तो एक दिन पृथ्वी बंजर हो जाएगी।

- अगर सरकार ने आज बुनियादी ढांचे में सुधार नहीं किया तो एक दिन देश बर्बाद हो जाएगा।

- यदि आप फलों को ठंडी जगह पर नहीं रखेंगे तो सारे फल सड़ जायेंगे।

- अगर मैं मन लगाकर पढ़ाई नहीं करूंगा तो मैं परीक्षा में उत्तीर्ण नहीं हो पाऊंगा।

- If you do not speak the truth, I will not let you go.
- If he doesn't give up smoking, he will invite his doom.
- If you do not whatever plants your garden will wither.
- If you do not understand the radicals of the language you will not be able to speak it confidently.
- If you do not buy books for your children, they will not develop the habit of reading books.
- If we do not grow more and more plants today, the planet earth will go barren one day.
- If government does not improve the infrastructure today, the country will go to the dogs one day.
- If you do not keep the fruit in a cool place, all the fruit will go rotten.
- If I don't study hard, I won't pass the exam.

- जब तक वे अपने संचार कौशल में सुधार नहीं करेंगे, वे प्रस्तुतिकरण में सफल नहीं होंगे।

- यदि वह पैसे नहीं बचाती है, तो वह यात्रा का खर्च वहन नहीं कर पाएगी।

- नियमित व्यायाम के बिना उसका स्वास्थ्य अच्छा नहीं रहेगा।

- जब तक आप सलाह सुनना शुरू नहीं करेंगे, आप वही गलतियाँ करते रहेंगे।

- अगर उन्होंने माफ़ी नहीं मांगी तो उनके रिश्ते और ख़राब हो जायेंगे.

- मूल कारण का समाधान किए बिना समस्या बनी रहेगी।

- यदि मैं अपने संचार कौशल में सुधार कर लूँ तो मैं एक अच्छा वक्ता बन जाऊँगा।

- मेहनती अभ्यास से वह अपने कौशल में सुधार करेगी।

- अगर वे सोच-समझकर निवेश करें तो उनकी आर्थिक स्थिति बेहतर हो जाएगी।

- उचित देखभाल और ध्यान से, बगीचा फलेगा-फूलेगा।

- अगर हम एक टीम के रूप में मिलकर काम करेंगे तो हम अपने लक्ष्य हासिल कर लेंगे।'

- अगर मैं अपने दिल की बात नहीं कहूंगा तो कोई मुझे समझ नहीं पाएगा।

- Unless they improve their communication skills, they won't succeed in the presentation.
- If she doesn't save money, she will not be able to afford the trip.
- Without regular exercise, he will not maintain good health.
- Unless you start listening to advice, you will keep making the same mistakes.
- If they don't apologize, their relationship will deteriorate further.
- Without addressing the root cause, the problem will persist.
- If I improve my communication skill, i will become a good orator.
- With diligent practice, she will improve her skills.
- If they invest wisely, their financial situation will improve.
- With proper care and attention, the garden will flourish.
- If we work together as a team, we will achieve our goals.
- If I don't speak my heart, no one will understand me.

Message Of Thanks

Dear Reader, 

Thank you immensely for finishing Volume 3 of "Tenses Are My Teacher." Your dedication to studying these volumes is truly commendable.

I hope they are aiding you in mastering English fluently, especially in speaking. Your positive response to the book is incredibly motivating and appreciated. Tenses are indeed pivotal in guiding you through the intricacies of English speech.

Continuing with the next volumes will undoubtedly enhance your fluency in English conversation even further. Your feedback on the book is invaluable and eagerly awaited.

I eagerly anticipate your presence in the upcoming volume!

AMRITASHAAN

Paperback M.R.P : ₹ 510/-
Hardcover M.R.P : ₹ 570/-

TENSE CHART

PAST

INDEFINITE

आ, ई, ए
2nd Verb
(-) did not + 1stv
(?) Did + Subject + 1stv ?

CONTINUOUS

रहा था रही थी रहे थे |
was/were + 1stv + ing
(-) was/were + not + 1stv + ing
(?) Was/Were + subject + 1stv + ing

PERFECT

चुका था, गया था, दिया था, हुआ था, जीता था |
had + 3rdv
(-) had not + 3rdv
(?) Had + subject + 3rdv

PERFECT CONTINUOUS

Time + रहा था, रही थी, रहे थे|
had been + 1stv+ing
(-) had not been + 1stv+ing
(?) Had + subject + been + 1stv+ing
Use of 'Since' or 'For'

PRESENT

ता है, ती है, ते हैं |
1st verb form
(-) Do not / does not + 1stv
(?) Do/Does + Subject + 1stv
Use of 's' or 'es ' with verb with he, she, it / single subjects

रहा है | रही है | रहे है |
is, am, are + 1stv + ing
(-) is/am/are + not + 1stv + ing
(?) Is/Am/Are + subject + 1stv

चुका है, गया है, दिया है, हुआ है ,जीता है|
Has/Have + 3rdv
(-) has/have + not + 3rdv
(?) Has/Have + subject + 3rdv
Has : He, She, It (Single subjects)
Have : I, You & plural subjects

Time + रहा है, रही है, रहे है|
has/have + been + 1stv+ing
(-) has/have + not +been + 1stv+ing
(?) has/have + subject + been + 1stv+ing
Use of 'Since' or 'For'

FUTURE

गा, गी, गे |
Will/Shall + 1stv
(-) will/shall not + 1stv
(?) Will/Shall + subject + 1stv
Will/Shall : I & We

रहा होगा, रही होगी, रहे होगें|
will/shall + be + 1stv+ing
(-) will/shall not be +1stv+ing
(?) Will/Shall + subject + be + 1stv+ing

चुका होगा, गया होगा, दिया होगा, हुआ होगा, जीता होगा|
will/shall + have + 3rdv
(-) will/shall + not have + 3rdv
(?) Will/Shall + subject + have + 3rdv

Time + रहा होगा, रही होगी, रहे होगें|
will/shall + have been + 1stv+ing
(-) will/shall not have been + 1stv+ing
(?) Will/Shall + subject + have been + 1stv+ing
Use of 'Since' or 'For'

Tenses Are My Teacher

Make Your Notes

Make Your Notes

Make Your Notes

Make Your Notes